Bibliografische Information der Deutschen Nationalbibliothek:

Die Deutsche Bibliothek verzeichnet diese Publikation in der Deutschen National-
bibliografie; detaillierte bibliografische Daten sind im Internet über http://dnb.d-
nb.de/ abrufbar.

Dieses Werk sowie alle darin enthaltenen einzelnen Beiträge und Abbildungen
sind urheberrechtlich geschützt. Jede Verwertung, die nicht ausdrücklich vom
Urheberrechtsschutz zugelassen ist, bedarf der vorherigen Zustimmung des Verla-
ges. Das gilt insbesondere für Vervielfältigungen, Bearbeitungen, Übersetzungen,
Mikroverfilmungen, Auswertungen durch Datenbanken und für die Einspeicherung
und Verarbeitung in elektronische Systeme. Alle Rechte, auch die des auszugsweisen
Nachdrucks, der fotomechanischen Wiedergabe (einschließlich Mikrokopie) sowie
der Auswertung durch Datenbanken oder ähnliche Einrichtungen, vorbehalten.

Impressum:

Copyright © 2013 GRIN Verlag, Open Publishing GmbH
Druck und Bindung: Books on Demand GmbH, Norderstedt Germany
ISBN: 9783668263048

Dennis Van Locke

Fitnessökonomie Gruppentraining. Ein möglicher Aufbau

GRIN Verlag

GRIN - Your knowledge has value

Der GRIN Verlag publiziert seit 1998 wissenschaftliche Arbeiten von Studenten, Hochschullehrern und anderen Akademikern als eBook und gedrucktes Buch. Die Verlagswebsite www.grin.com ist die ideale Plattform zur Veröffentlichung von Hausarbeiten, Abschlussarbeiten, wissenschaftlichen Aufsätzen, Dissertationen und Fachbüchern.

Inhaltsverzeichnis

Aufgabe 1)

a) Optimaler Phasenverlauf einer Kurseinheit

Ein optimaler Phasenverlauf eines Kurses besteht aus drei Phasen:

Tab.: 1 Struktur einer Trainingseinheit

Trainingseinheit		
Einleitung	**Hauptteil**	**Schlussteil**
Begrüßung	ausdauerorientiert	Cool Down I
allgemeines Warm Up	kraftorientiert	Cool Down II
spezielles Warm Up	gesundheitsorientiert	Verabschiedung

1) Einleitung:

Die Einleitung besteht in jeder Kurseinheit aus drei Bestandteilen:

1. Begrüßung
2. allgemeines Warm Up
3. spezielles Warm Up

Begrüßung:

Die Begrüßung sollte stets freundlich und willkommen sein. Falls neue Kursteilnehmer unter der Gruppe sein sollten, sollte sich der Kurstrainer immer kurz selbst vorstellen und die Schwerpunkte der heutigen Kurseinheit nennen. Um einen erfolgreichen Kurs auch schon bei der Begrüßung zu gewährleisten, sollte der Kurstrainer auch schon in seiner Begrüßung ein paar motivierende und animierende Worte für die Kursteilnehmer finden.

Allgemeines Warm hup:

Durch den Beginn des allgemeinen Warm Ups wird die eigentliche Trainingseinheit eingeleitet. Das Ziel des allgemeinen Warm Ups ist es das Herz-Kreislauf-Systems auf die Belastung vorzubereiten und die Mobilisation der Gelenke. Dies kann unter anderem durch Schritte des Low Impacts, wie zum Beispiel den March, Side to Side, Side Step durchgeführt werden.

Spezielles Warm Up:

Das allgemeine Warm Ups geht fließend in das Spezielle Warm Up über. Im speziellen Warm Up versucht man die im Hauptteil geforderten Muskelgruppen verstärkt vorzubereiten. Außerdem findet eine Vorbereitung der im Hauptteil geplanten Bewegungsabläufe und die Gewöhnung an das im Hauptteil verwendete Trainingsgerät statt.

In den beiden Phasen der Erwärmung wird versucht den Kursteilnehmer auf den eigentlichen Kurs vorzubereiten. Zum einen versucht man ihn mental darauf vorzubereiten und zum anderen soll die Blutzirkulation und der Stoffwechsel im Körper angeregt werden. Dadurch kann das Verletzungsrisiko verringert werden.

2) Hauptteil

Im Hauptteil erreicht jeder Kurs, egal ob ausdauerorientiert oder kraftorientiert, ihren Höhepunkt.

Hauptteil in ausdauerorientierten Kursen

Das eigentliche Ziel von ausdauerorientieren Kursen ist es, die Ausdauerfähigkeit der Kursteilnehmer zu verbessern. Zusätzlich zur Ausdauerfähigkeit wird auch die Koordination geschult.

Dies kann durch verschiedene Methoden erfolgen:

- lineare Progression
- Add On (Additionsmethode)
- Link- oder Block-Methode (Verknüpfungsmethode)

Hauptteil in kraftorientierten Kursen

In kraftorientieren Kursen werden mehrere Ziele gleichzeitig verfolgt:

- Verbesserung der Kraftausdauer
- Erhöhung des Kalorienverbrauchs

- Verbesserung der Haltung

In Kraftorientieren Kursen sollte neben den didaktischen Prinzipien wie vom Leichten zum Schweren, vom Einfachen zum Komplexen und vom Bekannten zum Unbekannten zwei Trainingsprinzipien besonders beachtet werden:

1. Prinzip der progressiven Belastungssteigerung
2. Prinzip der Variation

1. Prinzip der progressiven Belastungssteigerung

Hierbei müssen die Widerstände entsprechend der im Verlauf des Trainings zunehmenden Kraftfähigkeit angepasst bzw. erhöht werden um eine Leistungssteigerung zu erreichen. Wenn die Belastung gleich bleibt, wird die Leistungsfähigkeit der Kursteilnehmer lediglich erhalten.

2. Prinzip der Variation

Hierbei sollte die Belastung verändert werden sobald alle Kursteilnehmer ein gewisses Leistungsniveau erreicht haben.

Dies kann durch:

- die Veränderung der Bewegungsgeschwindigkeit,
- die Veränderung der Wiederholungszahl,
- den Einsatz von Kleingeräten oder
- den Wechsel der Trainingsform (Zirkeltraining, Mattentraining, Langhanteltraining etc.)

stattfinden.

Eine sinnvolle Kursplanung und gute Vorbereitung ist bei kraftorientierten Kursen sehr wichtig. Es sollte stets die Zielmuskulatur, die Organisationsform, die Reihenfolge der Übungen, die Satzzahl, die Wiederholungszahl und die Tempovarianten festgelegt werden.

Erst durch Beachtung dieser Aspekte kann ein Kurs erfolgreich werden.

Hauptteil in gesundheitsorientierten Kursen

Hier ist die Formulierung der Zielsetzung sehr wichtig. Die Inhalte müssen sich ganz klar an dem Kursziel orientieren. Um Verletzungen vorzubeugen muss der

Kurstrainer um so mehr auf die korrekte Ausführung der Teilnehmer achten.
Auch in diesen Kursen sollten die didaktischen Prinzipien unbedingt eingehalten
werden.

3) Schlussteil

Cool Down I:

Der Cool Down I findet hauptsächlich in ausdauerorientierten Kursen statt. Hierbei wird versucht den Puls durch immer kleiner werdenden Bewegungen in den Ausgangszustand zu senken (< 120 Schläge pro Minute).

Cool Down II:

Das Cool Down II hat die Entspannung, Dehnung und Lockerung der Muskulatur zum Ziel. Außerdem finden hier die letzten und abschließenden Übungen vor der Verabschiedung statt.

Verabschiedung:

Zum Schluss der Stunde verabschiedet sich der Kurstrainer von seinen Kursteilnehmern und steht der Gruppe noch einmal für Fragen und Feedback zur Verfügung.

Vergleich der besuchten Kurseinheit mit dem optimalen Phasenverlauf:

Besuchter Kurs: Bodystyling

Zeit: Dienstag 10:00 Uhr

Dauer: 1 Stunde

Verwendete Mat.: Tubes, Steps & Matten

Kursteilnehmer: 9 Teilnehmer (9 weiblich inkl. 1 Probetraining)

Alter: 18 – 60 Jahre

Musik: 100 – 120 BPM (Popmusik / Instrumental)

Die Kursleiterin war 10 Minuten vor Kursbeginn im Kursraum und richtete die benötigten Materialien und ihre Musik hin.

Nachdem alle Kursteilnehmer da waren stellte sich die Kursleiterin kurz selbst vor und erläuterte kurz die Allgemeinen Inhalte des Kurses und auch die speziellen Inhalte der heutigen Stunde. Dies richtete sie speziell an das Probetraining, da dieses keine Erfahrung mit Bodystyling hatte.

Nach der kurzen Erläuterung begann sie mit dem Warm Up welches ca. 10 Minuten ging.

Sie verwendete zuerst einfach Low Impact Schritte wie Marching, Side to Side, Side Step, Leg Curl und Knee Lift. Nach ungefähr 5 Minuten fügte sie zu den Low Impact Schritten noch Faustschläge aus dem Tae Bo hinzu damit auch der Oberkörper erwärmt wird. Sie Stand in Blickrichtung der Teilnehmer benutzte kein Mikro was allerdings kein Problem darstellte, da sie mit lauter, deutlicher und klarer Stimme den Kurs leitete.

Der Übergang von Warm Up und Hauptteil ging sehr flott, da alle Kursteilnehmer Ihre Materialien schon zu Beginn der Stunde hinrichteten.

Sie wies ihre Kursteilnehmer darauf hin wie der Ablauf des Hauptteils stattfindet.

Sie machte pro Übung immer 3 Sätze mit jeweils 12 Wiederholungen. Der Erste Block bestand aus 2 Übungen für die Beine (Squats und Lunges) welche immer im Wechsel durchgeführt wurden. Anschließend wurde der Oberkörper mit den Tubes trainert.

Nun waren die Arme an der Reihe. Auch dieser Block bestand wieder aus zwei Übungen (Bizeps Curl mit Tube und Trizeps Kickback mit Tubes), welche abwechselnd durchgeführt wurden.

Danach nahm man die Steps zur Hilfe. Die Kursteilnehmer sollten sich auf die Matte Knien und sich mit Ihren Händen auf den Steps abstützen und Liegestütze machen. Die Kursleiterin zeigte den Fortgeschrittenen Kursteilnehmern Variationen wie man die Übung noch intensivieren könnte. Diese Übung für die Brustmuskulatur wurde im Wechsel mit einer Übung für die Schulter (Seitheben mit Tubes) durchgeführt.

Anschließend wurde das Gesäß trainiert. Hier wurden zwei verschiedene Übungen mit den Tubes, im Wechsel ausgeführt.

Der letzte Block beinhaltete Übungen ohne Hilfsmittel für den Bauch und den Rücken wie zum Beispiel gerade Crunches und Unterarmstütz.

Der Unterarmstütz wurde 3 mal 30 Sekunden lang durchgeführt. Die Crunches wurden wieder, wie die anderen Übungen im Hauptteil, 3 mal mit 12 Wiederholungen durchgeführt.

Die Kursleiterin achtete die ganze Zeit bei allen Teilnehmern auf die korrekte Ausführung und korrigierte falls die Teilnehmer auch falls nötig.

Während den Übungen Zählte sie den Countdown laut der Wiederholungszahl mit und animierte stets alle Teilnehmer nicht aufzugeben und lobte im Anschluss die Teilnehmer mit positiven Worten.

Im Anschluss an den Hauptteil folgte recht schnell das Cool Down. Hierzu änderte sie die Musik von Popmusik / Instrumental zu entspannender Musik.

Zuerst sollten sich die Kursteilnehmer flach auf die Matten legen und sich komplett strecken und so ihre Bauchdecke dehnen. Danach folgten noch lockere Dehnübungen. Zum Schluss sollten alle nochmal die Augen schließen und 3 mal tief ein und aus atmen.

Danach bedankte sich die Kursleiterin bei den Teilnehmern für das tolle mitmachen und alle applaudierten.

Alle Teilnehmer räumten selbstständig Ihre Matten, Steps und Tubes auf.

Die Kursleiterin befand sich auch nach dem Kurs noch 10 Minuten im Kursraum und sortierte Ihre Musik und stand zugleich noch für Fragen seitens der Kursteilnehmer zur Verfügung.

Anmerkung:

Die Kurstrainerin ging sehr gut auf die Fehler einzelner Teilnehmer ein und konnte mit sehr gut gewählten Tipps die Fehler ausbessern. Sie ging auch sehr gut auf das Probetraining ein und hatte immer ein Auge auf dieses. Das Leistungsniveau war sehr gut auf die Teilnehmer angepasst. Niemand war mit den geforderten Übungen überfordert oder unterfordert.

b) Das Verhalten des Kurstrainers

Funktion des Lehrers:

Als Lehrer hat der Kurstrainer die Funktion, den Kurs sorgfältig zu organisieren und zu strukturieren. Auch die Ziele des Kurses müssen klar definiert werden. Einzelne Übungen sollte der Lehrer vormachen, erklären und erläutern. Während der Übungsausführung durch die Teilnehmer sollte der Lehrer stets darauf achten ob die Ausführungen korrekt durchgeführt werden und gegebenenfalls korrigieren.

Analyse der Kursleiterin:

Die Vorbereitungen der Kursleiterin beruhte sich auf Erfahrungen vergangener Bodystyling Kurse zur selben Uhrzeit. Somit Konnte sie ungefähr abschätzen wie das Leistungsniveau dieses Kurses ist. Die Übungen waren sehr gut gewählt und wurden auch sehr gut vorgemacht, erklärt und erläutert. Auch bei Korrekturen stand sie sofort zur Hilfe und konnte mit gut gewählten Worten die Teilnehmer sehr schnell korrigieren. Auch auf Fragen seitens der Teilnehmer konnte Sie gut Antworten.

Funktion des Dienstleisters:

Als Dienstleister hat der Kurstrainer folgende Aufgaben:

- gute äußer Bedingungen schaffen (technisch, räumlich, klimatisch)
- als Ansprechpartner für die Kursteilnehmer vor und nach dem Kurs zu fungieren
- gut vorbereitet und rechtzeitig zum Kurs erscheinen
- neue Teilnehmer integrieren

<u>Analyse der Kursleiterin:</u>

Die Kursleiterin des besuchten Kurses befolgte alle oben aufgeführten Punkte eines Dienstleisters. Sie ging auf neue Kursteilnehmer ein, stand 10 min vor und nach dem Kurs zur Verfügung, war sehr gut auf den Kurs Vorbereitet und hatte alle Materialien zum Kursbeginn vorbereitet.

Funktion des Vorbildes:

Als Funktion des Vorbildes sollte der Kurstrainer genau das Vorleben was er auch den Kursteilnehmern vermitteln will:

- Gesundheit
- Fitness
- Freundlichkeit
- Fröhlichkeit
- Spaß

Außerdem sollte der Kurstrainer für seine persönliche Fitness sorgen, fitnessorientierte Kleidung tragen, ein gepflegtes Äußeres vorweisen und immer stets freundlich gegenüber von Teilnehmern sein.

<u>Analyse der Kursleiterin:</u>

Die Kursleiterin verkörpert alle oben aufgeführten Funktionen eines Vorbildes. Sorgt täglich für ihre persönliche Fitness und war 2009 Miss Fitness. Das äußere Erscheinungsbild war sehr gepflegt und sie hatte eine sehr gute Haltung. Sie lächelte den ganzen Kurs und ihr Umgang mit den Teilnehmern war sehr freundlich und offen.

Funktionen des Animateurs:

Als Animateur hat der Kurstrainer die Aufgabe Spaß und gute Laune durch seine Erscheinung, seine Ausstrahlung, sein Auftreten und durch den Umgang mit den Teilnehmern verbreiten. Er sollte immer eine positive Wortwahl nutzen und seine Alltagssorgen sollten im Kurs keinerlei Rolle spielen. Auch gegenüber Kritik und Fragen seitens der Teilnehmer sollte der Kurstrainer stets professionell gegen über stehen. Erst durch eine positive Motivation durch den Kurstrainer wird der Kurs zu einem Erfolg.

Analyse der Kursleiterin:

Die Kursleiterin verbreitete durch ihre sehr positive Art und Ausstrahlung sehr gute Laune unter den Kursteilnehmern. Man hatte zu keinem Zeitpunkt des Kurses dass sie keine Spaß an dem hat was sie macht oder das irgendwelche Alltagssorgen sie beeinträchtigen.

Fazit:

Die Kursleiterin hat alle Funktionen sehr gut erfüllt und den Kurs von Anfang bis Ende sehr gut gestaltet und geleitet. Man merkte ihr die ganze Zeit an das sie liebt was sie macht.

Aufgabe 2)

Planung einer 45-Minütigen Kurseinheit zum Thema Wirbelsäulengymnastik

A) Rahmenbedingungen:

Räumlichkeit:

- 95m² quadratisch
- Fenster an 2 Seiten des Raumes

Ausstattung:

- Musikanlage
- Spiegel an einer Wand
- 30 Matten
- 15 Steps

Klima / Zeit:

Wintersaison (Oktober – März) 10:00 Uhr

b) Zielgruppe:

Gruppengröße:

- 5 – 30

Geschlecht:

- Weiblich und männlich

Alter:

- 30 - ... Jahre

Leistungslevel:

- Beschwerdefrei, Anfänger

c) Ziele

Allgemeine Ziele:

- Vorbeugung von Erkrankungen des Bewegungs- und Stützapparats
- Ausgleich von muskulären Dysbalancen
- Steigerung der Entspannungsfähigkeit
- Verbesserung der Haltung

Spezielle Ziele:

- Kräftigung des unteren Rückens
- Kräftigung der schrägen Bauchmuskulatur
- Kräftigung der gerade Bauchmuskulatur

d) Materialeinsatz

- Gymnastikmatten

e) Stundenverlauf der Kurseinheit

Tab.: 2 Warm Up I & II

Phase: Warm Up allgemein (Low Impact)				
Warm Up speziell				
Belastungsgefüge: 10 Minuten				
Ziel der Übung	Name der Übung	Übungsbeschreibung	Belastungsgefüge	Bemerkungen
Herz-Kreislauf-System Anregung des Stoffwechsels Sauerstoff-	March	Knie maximal 90° anwinkeln, Oberkörper aufrecht		
	Side to Side	breite Grundposition, Gewicht auf das rechte Bein, linke Fußspitze tippt auf den Boden danach das selbe auf der anderen Seite		
	Step Touch	Aus Grundstellung rechtes Bein zur Seite öffnen, das linke Bein folgt und wird neben dem anderen Bein mit dem Ballen aufgestellt, danach das selbe auf die andere Seite		

versorgung verbessern	Knee Lift	Aus Standposition linkes Bein gebeugt anheben und wieder absetzen und mit dem anderen Bein wiederholen		Während der Übung bleibt der Rücken die ganze Zeit aufrecht
Fußgelenk / Körpererwärmung	Leg Curl	Aus breiten Grundposition das Gewicht auf das linke Standbein verlagern rechter Fuß zum Gesäß anziehen und wieder auf den Boden absenken, danach mit dem anderen Bein wiederholen		
Mobilisierung der Wirbelsäule	Lateralflexion der Wirbelsäule (rechts, links)	stabiler aufrechter Stand, Knie leicht angewinkelt, Rücken gerade, Arme gestreckt über den Kopf, Oberkörper leicht zur Seite neigen und so die Dehnung einleiten		koordinativ einfache Übung, Dehnung kann aktiv durch Zug der Arme verstärkt werden
Verletzun-	Rotation der Wirbelsäule (rechts, links)	Hüftbreiter Stand, Arme Sind gerade neben dem Körper auf Schulterhöhe ausgestreckt, Handinnenfläche		

gen vorbeu-gen		zeigt nach oben, Oberkörper nun langsam nach links und rechts rotieren.		
	Mobilisation der HWS	Kinn zur Brust ziehen, danach langsam wieder in die Normalstellung, danach Kopf seitlich in Richtung linker Schulter bewegen und die rechte Seite Dehnen danach die andere Seite.		Dehnung kann aktiv mit Zug vom Arm unterstützt werden

Tab.: 3 Hauptteil

Phase: Hauptteil

Belastungsgefüge: 25 Minuten

Ziel der Übung	Name der Übung	Übungsbeschreibung	Belastungsgefüge	Bemerkungen
Kräftigung der Rumpfmuskulatur	Unterarmstütz	Zuerst in den 4-Füßlerstand, Unterarme auf der Matte ablegen, beide Beine nach hinten durchstrecken und auf der Matte absetzen, Körper ergibt nun eine gerade Linie und so halten.	3 Sätze, je Satz 30 Sekunden halten	Bauch anspannen, Körper hängt nicht durch, bei der Belastung einatmen und bei Entlastung ausatmen

13

	Arm und Beinheben im 4-Füßlerstand	Zuerst in den 4-Füßlerstand auf der Matte, nun den linken Arm und das rechte Bein nach oben anheben und gerade ausstrecken anschließend wieder bis kurz vor der Matte absenken und wieder anheben.	3 Sätze pro Seite, je Satz 15 Wiederholungen	Gerader Rücken, Bauchspannung, bei der Belastung einatmen und bei Entlastung
	Arme und Beinheben in Bauchlage	Flach auf die Matte legen, Arme und Beine gerade ausstrecken, nun die Arme und Beine gestreckt von der Matte anheben kurz halten und wieder absenken.	3 Sätze, je Satz 15 Wiederholungen	Grundspannung im Bauch, Bauchnabel von der Matte anheben, Bewegung langsam und kontrolliert ausführen, bei der Belastung einatmen und bei Entlastung
	Crunches gerade	In Rückenlage auf die Matte legen, die Fersen auf der Matte aufstellen, Knie 90°, die Hän-	3 Sätze, je Satz 15 Wiederholungen	Grundspannung im Bauch, Kinn etwa eine Faustbreite

		de links und rechts neben den Kopf. Nun mit dem Oberkörper nach oben und langsam wieder absenken, die Schulterblätter berühren beim Absenken nicht die Matte, anschließend wieder den Oberkörper anheben.		vom Brustkorb entfernt, bei der Belastung einatmen und bei Entlastung
Kräftigung der gerade und schrägen Bauchmuskulatur	Crunches schräg	In Rückenlage auf die Matte legen, die Fersen auf der Matte aufstellen, nun den rechten Fuß auf das linke Knie ablegen, die rechte Hand neben den Kopf, nun mit dem linken Arm rechts neben dem rechten Knie vorbei greifen während sich der Oberkörper anhebt.	3 Sätze, je Satz 15 Wiederholungen	Grundspannung im Bauch, Kinn etwa eine Faustbreite vom Brustkorb entfernt, bei der Belastung einatmen und bei Entlastung

Phase: Cool Down I

    Cool Down II

Belastungsgefüge: 10 Minuten

Ziel der Übung	Name der Übung	Übungsbeschreibung	Belastungsgefüge	Bemerkungen
Puls herunterfahren	Dehnung des unteren Rückens	Rückenlage auf der Matte, Beine auf er Matte angewinkelt abstellen, Beine greifen und an den Brustkorb heranziehen		Blick geht nach oben, Kopf in Verlängerung der Wirbelsäule
Körpertemperatur senken	Dehnung der geraden Bauchmuskulatur	In Rückenlage auf die Matte liegen, Arme und Beine gerade ausgestreckt, nun abwechselnd rechts und links nach oben über den Kopf strecken		
Atmung regulieren	Dehnung der schrägen Bauchmuskulatur	In Rückenlage auf die Matte liegen, Arme liegen rechts und links gestreckt neben dem Körper, die Beine anwinkeln und langsam nach links und rechts auf die Matte absenken, unten		Schulterblätter bleiben auf dem Boden, Kopf auf der Matte ablegen

		kurz halten und wieder anheben		
Mental auf das Ende des Kurses vorbereiten	Entspannung	In Rückenlage auf die Matte liegen, Arme neben dem Körper auf der Matte locker ablegen, Beine sind gestreckt, Augen geschlossen		Langsam tief ein- und ausatmen, nur auf sich selbst konzentrieren und seinen eigenen Körper mal ganz bewusst war nehmen
	Tief ein- und ausatmen	Schulterbreiter Stand, Arme nach oben nehmen und wieder nach unten fallen lassen anschließen Arme in Kreisbewegung wieder nach oben nehmen.		Beim anheben der Arme einatmen und beim fallen lassen der Arme ausatmen

f) Abschlusskommentar

Für mich ist es, bei einem Wirbelsäulengymnastikkurs, besonders wichtig, dass die Übungen stets korrekt ausgeführt werden um Verletzungen zu vermeiden und vorzubeugen. Zu dem find ich es sehr wichtig, dass sich die Kursteilnehmer sehr gut Beraten fühlen und auf individuelle Problematiken und Fragen eingegangen wird. Außerdem sollte der Kurstrainer den Kurs so gestalten das sich alle Kursteilnehmer nach dem Kurs entspannt fühlen, mit einem guten Gefühl den Kurs verlassen und etwas Abstand vom Alltag bekommen konnten.

Literaturverzeichnis

- Studienbrief „Gruppentraining I", Prof. Dr. paed. habil. M. Reiß; Prof. Dr. S. Fikenzer (2012), Saarbrücken
- Übungskatalog Gruppentraining, 4. unveränderte Auflage, Saarbrücken Oktober 2010

BEI GRIN MACHT SICH IHR
WISSEN BEZAHLT

- Wir veröffentlichen Ihre Hausarbeit,
  Bachelor- und Masterarbeit

- Ihr eigenes eBook und Buch -
  weltweit in allen wichtigen Shops

- Verdienen Sie an jedem Verkauf

Jetzt bei www.GRIN.com hochladen
und kostenlos publizieren